Colección
Panhispánica de poesía

# RETAZOS DEL PSIQUIÁTRICO

## (Monólogo de un esquizofrénico)

David Majano

Colección
Panhispánica de poesía

Casa Bukowski
editorial°

www.casabukowski.com
www.radiobukowski.org
Contacto: casabukowskieditorial@gmail.com

Colección Panhispánica de poesía
**Retazos del psiquiátrico**
© David Majano

Director de edición : Ivo Maldonado
Editor : Ivo Maldonado
Diseño de portada : Rogelio Estrella
Diagramación y diseño de interiores : Rogelio Estrella
Corrector de textos : Edgardo Alarcón

**ISBN**: 978-9942-45-422-5

Primera edición, Editorial Casa Bukowski, Santiago de Chile, 2024.

A Joshua Majano,

mi vida por la tuya.

# TAQUIPSIQUIA:
# DAVID MAJANO Y LA ESPIRAL

Javier Payeras

Algún experto en el mundo real comenta las últimas noticias.

Desde hace dos años estamos añadidos a las pantallas de los móviles, siguiendo las demandas de una pandemia que nos desarmó planes y trabajos, apostamos por no salir de nuestros reductos pensando que eso añadiría tiempo a nuestras vidas.

Sostenerse un día más y especular, con el agua hasta el cuello, que el miedo no era tan fatal como un entubamiento para poder respirar, mientras la misma canción seguía sonando en las redes sociales: Murió mi hermano, Mi madre hoy es luz, Espero amigo que estés en un lugar mejor...

La mala prosa de la tristeza sincera.

Envuelto en una situación tan extenuante uno comprende aquella poesía que desciende por la espiral de la psicosis, pensamientos insolentes que no se marchan.

No pasan dos días y ya estamos borrachos de nuevo, durmiendo con pastillas y amaneciendo con la misma cara sucia tantas veces escupida por otros y por otras.

No supimos ni siquiera cuando se fue el amor, ¿cuándo fue la última vez que se despidió?, hemos caminado toda la noche durante todas las noches.

Vemos mal nuestros dibujos, leemos los poemas de aquellos concursos que nunca ganamos, nos enfermamos de perder el tiempo creyendo que pensamos...

solo robamos el dolor a los demás y quisiéramos pedir una tregua hasta que entra una llamada y unas cuantas risas nos devuelven de nuevo a este lugar donde el ciclo antes mencionado se hace interminable.

David Majano se saca la tinta de la piel, no diré cómo hice para resistir el enorme peso de todo su dolor condensado, pero el *spoiler* es que la batalla contra la humillante condición de la locura no se puede vencer con la realidad.

No existe en todas las páginas que preceden a estas palabras una cura para el "yo" dividido, Majano trafica las imágenes de los versos más puros que ha acumulado como lector erudito, fotógrafo y políglota, pero no puede dejar de razonar; su taquipsiquia lo traiciona, lo sé, lo intuimos, al leer este huracán que destruye todas las catedrales de sus verbos.

¿Cómo reconstruir todo lo que la melancolía arrasó sin dejarnos un metro cuadrado de ego o de paz?

Ya no es

necesario esperar

a que el sol

atraviese los barrotes,

el viento vuelve al mar...

Entre las cosas definitivas cualquier poema suena a un epitafio, uno se araña la piel, uno mira las paredes y trata de controlar la luz arrasada.

¿Estamos condenados a no cambiar?, las noches sin pensar ni dormir y equilibrando la ceniza o la brasa ardiendo del alcohol, el efecto que hacen las imágenes al vibrar sin rompernos del todo, empeñados en tocar burbujas que no estallen para guardarlas en racimos como perlas, pero el sueño no es la solución para la noche:

Pero canta corazón

que este es día de fiesta

confiesa que no estás más

entre locos,

por favor,

dime que no estás más

entre locos...

Sí, el miedo es verdad. Pero el miedo está en las aguas quietas de quienes hacen sus vidas sanas y fértiles, porque el cielo los pudre de vergüenza, aburrimiento o desesperación, porque es normal sentirse normal, así desde niños nos desprendemos de la imaginación para masticar, copular y terminar bajo tierra junto al excremento de mamíferos y aves.

Hay retazos de un psiquiátrico que si los reúne, puede que el mensaje cifrado sea una advertencia, los locos están menos solos y los tristes están más unidos, a fuerza de caer dejamos de rompernos, a fuerza de facilitar la belleza de las imágenes o el sonido de las palabras, hacemos que la poesía exista aún entre los escombros de estos tiempos de mala literatura y corrección política.

Cerrito del Carmen 31 de enero 2022

# LIBRO I

# DELIRIO 1:

Siempre son motivo de desvelo

la noche que llora

y el grito de su halcón plateado,


la nieve que recubre

la ciudad eterna

en primavera

y los acueductos antiquísimos

que queman el silencio

en clave Morse.


el estruendoso Odín

martillando

los tímpanos celestes,


la sagaz ribera del aro

entrecortando

el incrédulo párpado

del fauno asesino,

la misteriosa libélula
posándose en la roca
del manantial de fuego,

la habitación de hotel
tapizada con piel
humana curtida,

el dragón domesticado
por el poeta de las visiones,

el encantador colibrí
que aletea colores
como diseñando arcoíris
repartiendo sus jardines.

El duende que viste de verde
en tugurio de la mala muerte
y que borracho aplaude
a la encantadora bailarina exótica.

# DELIRIO 2:

Siempre son motivo de desvelo

el iris dilatado

como cráter

de volcán submarino

visible desde la luna,

los arpones ardientes

que lagrimean dulzuras

entre dermis y epidermis,

el pulpo malhumorado

de cien tentáculos constrictores

que hacen sonreír,

los duros y fríos lechos

donde habitan las voces

del demonio de líquenes.

# REMANSO I

- buena compañía,

tocan música

y cantan cosas impías –

Los relámpagos multicolores

que atraviesan la casa

asustando gatos y perros,


el vecino cósmico

jinete de la luz

y pastor de estrellas,


el vecino subterráneo

habitante del infierno

encendido

inventor de cataclismos

ruidosos

y visitante de los sueños.

# DELIRIO 3:

Siempre se está al desvelo,

nada tiene valor infinito

nada domina al infante curioso

nada suena como el humo

que escapa,

nada se pierde en el todo

nada llena el vacío

nada olvida la historia

nada se sienta

en la montaña verde

con aguijones negros,

nada es lo que no es

nada nada

sobre las aguas de rubí

nada ni nadie reproduce

las señales de ondas sonoras

que asesinan el silencio.

# DELIRIO 4:

Siempre se está al desvelo.


Lo vi escapar

correr,


deslizarse desde el techo

viniendo desde "no se sabe dónde",


escurrirse por los muros

en su ritmo insensato

como camina el río

desarmando piedras,


reclamando el trino

de las aves

el escándalo de los grillos

el reflejo de las bestias

el árbol caído.


Sin forma

sin nombre,

sin colores

transcurrió su esencia

en el Nilo,


en el desierto

en los bosques amazónicos,


en el calendario Maya

en la mente perpleja.


Se coló por cada una

de las grietas del cerebro

Se indignó por el azul

que campa de alegría

lo vi escurrirse desde el techo

por la ventana.

# REMANSO II

23

-allá va, admírenlo,

hermoso y fuerte

en su fatal camino-

al canto de la cigarra

le sonrió a la muerte

al canto del voraz incendio

le sonrió a la vida.

# DELIRIO 5:

## REMANSO III

El universo viste de harapos
es un escarpado valle
que rehúye del viento
es la canción del río
sin corriente
es la palabra viciada
acicalada con lengua de gato.

El tiempo no existe

yace dormido

en el seno del olvido

en el pecado

detenido en el aire

como el cuello roto

del condenado

por haberse cortado las alas

alzado el vuelo

desde la torre del reloj detenido.

# DELIRIO 6:

La sabiduría

se escapa por entre los dedos,


los ojos

se abren

permitiéndole el paso

y "el ser" sólo exhala


… pues,

no hay cráneo

que la contenga

ni corazón

que la sorprenda

escandalosa

bajo la almohada.

# DELIRIO 7:

El camino a la felicidad

está cubierto de hojas secas

que crujen

mientras el dolor

zarandea

el rosario de vertebras.


Las tinieblas apagan las luces

y los niños

con rostros inexpresivos

saludan a sus madres

mientras las observan atadas

a las ruedas del carruaje

sin control.


Gigantescos chacales

se alimentan del cuerpo

del poeta encontrado allí,


bajo el puente de cristal...

supuestamente fue suicidio.

La imaginación

le fue prohibida

a la misma imaginación

las golondrinas

perdieron el azul del cielo

y la poesía

su terrible miseria.


El mensaje

se encriptó

el trópico

se fracturó

el retrato

se desvaneció

y los nomos se refugiaron

en las bibliotecas,


con sus ojos enrojecidos

se abren el letargo

incontrolado

quedó la sonrisa

admirando el muro,

los oídos

contemplando el silencio

el vacío

reflejado en la mirada.

# DELIRIO 8:

La quietud,

donde yacen

el pensamiento

y el corazón roto

del poeta de cristal,

donde se esconden

las palabras

entre nostalgia de cuervo

y alamedas de cementerio,

donde se agrietan

el terreno

con ríos de vino

que amenizan las reuniones

de alcohólicos anónimos.

Pero

Baco aburrido

en su fiesta

de cumpleaños,

mientras el suicida

canta a capela

su "Oda al viento".

# DELIRIO 9:

Comienza el viaje
comienza la feria,

el carnaval
la fiesta,

la locura
la guerra...

las horas
terremotos,

llantos
caminos,

tragos
destinos.
El lobo
hecho hombre
como en sueño
como maldito cuento.

El demonio
nuestro padre,

la hemorragia
nuestra madre,

la miseria
nuestro empeño,

los olvidados
despreciados,

la tristeza
el vacío,
el número de oro
y el aliento a frío.

# REMANSO IV

35

y justo ahí
la sonata perpetua.

# DELIRIO 10:

La palabra
hecha hombre,


el poema del destierro
en mayor y en menor.



      Música desesperada
música despeñada
música desintegrada.

# DELIRIO 11:

El amanecer desprotegido

hecho hombre,


entre luces y colores ocres,


entre estares y andares.

## DELIRIO 12:

Carcomidos sueños

hechos hombre,

entre muchachas morenas

y modas ajenas,

entre levedad y pena.

# DELIRIO 13:

Resacas tortuosas

hechas hombre,


entre juegos mayores

y cuerpos delgados,


entre ciudad moderna

y vida de mierda.

# DELIRIO 14:

Y tabacos fumados
hechos hombre,

entre lunas calientes
y fiestas bizarras;

entre sábados derretidos
y domingos de reaparecidos.

# DELIRIO 15:

Risas a carcajadas
hechas hombre,

entre destellos de pureza
y retorcidos cabellos,

entre nubes negras
y tierra sin dueño,

sin dedos
con frío,

sin fuerzas
ni latidos.

# DELIRIO 16:

## REMANSO V

La bruja
pensó en mí un momento
cuando la obscuridad
era aún joven,

pensó en mí un momento
entre los deseos de Cupido
y los pergaminos
de la vieja reina
del sudor.

Las trenzas de la hojarasca

el gris del tiempo

despejando la vista

del malherido.


Fantástico es el dolor

cuando duermes

en el placer de la fantasía.


Hermana de la lujuria

hermana del destello del sueño,


hermana de los cerros

y los estanques enmudecidos,


hermana del alboroto

y de dolores desgarrados.

# REMANSO VI

-Recuerdos del desaparecido

recuerdos del encontrado

raramente vivo-.

# DELIRIO 17:

Retorcidos pensamientos
retorcidos momentos
retorcidos cuentos...

Viejos
y violentos recuerdos,

viejos
y violentos revocaciones.

# REMANSO VII

46

Las balas...

Cae el amigo

el hermano

su sangre

aún caliente

moja el costado,


las lágrimas

son de sangre,


de sangre ardiente

de sangre tenue,


de sangre el costado.


Recuerdo el calor

de la sangre en el costado

y como el más grande

de los cobardes

cerré los ojos.

Y sólo sentí

la ardiente sangre

en el costado.

# REMANSO VIII

- El miedo a la muerte

me hizo preferir

sólo sentir

la ardiente sangre en los costados -.

# DELIRIO 18:

Como si fuera un juego
en el que podemos decidir
quién pierde
mientras nosotros ganamos,

entre sonrisas de hiel
mi madre esperaba
que no me disparase
en la sien.

# REMANSO IX

La sien:

el desvío

la fuga,

el magma del ser

la base del tanque destructor

la ojiva escapatoria

el vórtice profundo

la caída libre

el final.

## DELIRIO 19:

La seña del mal

que hemos hecho

nos atrajo al centro

y en un segundo

fuimos al mar profundo,


hasta donde las ballenas

bailan

con nuestros nuncas.


Quisiera fuera un sueño,

un mal sueño…

mañana será lo mismo

pues el recuerdo me devuelve

a la tragedia

y admiro

desde la primera fila del teatro

la espuma que brota

de su boca.

Su presencia

me miente

me hace pensar

en el sueño.


Se acerca a mí

como si fuera el silbido del viento

que me despierta en el otoño.


En los días bizarros del verano

viene a narrarme

a reclamarme algo

a reír la muerte

la desgracia

la soledad

el vino.

# DELIRIO 20:

Algo está llamando
a nuestra puerta,
el corazón de los lirios
nos advierten de la amenaza.

Nuestras casas
nuestros hogares
están en peligro.

# REMANSO X

54

El futuro
ya se fue
el presente
nunca llegó
y el pasado
aún está.

# DELIRIO 21:

Escucha cómo aletea
esta noche,


es evidente que el diablo
leyó un poema.


¿Desde qué altura
nos cubre con su abrigo?


¿Desde qué altura
nos ve
a través de la ventana?


Le hemos cortado un trozo al sol
mientras rascamos el cielo,
si tan sólo
pudiéramos montar allá un nido
sentiríamos el frío
de la ilusión nocturna
del viento
del veneno
de los sonidos,

como el ave risueña
que vuela desde el vaho
del absurdo,

hasta la mirada
del lejano brazo hechicero
pronta a sumergirse
en el estanque dormido
donde tiritan
el sauce y sus miedos.

# REMANSO XI

57

Se retorció el pecho
y los sueños se detuvieron.

# DELIRIO 22:

Luz

suerte

caídas

caídas


Las láminas no se detienen

el suelo es la guarida,


el escondite

la base.


No vayas

al fondo del mar

te atrapará el calamar gigante

no vayas

a rascar el cielo

la gaviota celeste

te arrancará los ojos.


Mejor espera

en la oscuridad,

agazápate

y espera el momento

y comete su cerebro

antes que te vea.

## DELIRIO 23:

Ese demonio

exhibe

mi cabeza clavada

en su vieja espada

como para hacer ver

la lluvia

que riega los campos

para alimentar

de miedo las flores.


Antes de alzar la espada

quiso encontrar

reflejado su rostro

en el ojo del condenado

quiso,


con la lágrima derramada

ver el terror

escapar sonriente

como lo hace

el general bisexual

posando para la foto

acompañado de sus

amantes favoritos:

dolor y muerte.

## DELIRIO 24:

El sol vigilante
hizo arder las conciencias
las miradas
los ánimos
las calles.

Ahora que estamos encendidos
debemos contagiar
con nuestro fuego
a esta ciudad.

Vamos a quemar la ciudad
vamos a cauterizarla de gusanos
es ahora
que debemos desinfectarla
es ahora que debemos
encender la hoguera
tirarlos dentro del fuego,

ahora con nuestro fuego
quemar viva
esa malarraza.

## DELIRIO 25:

Ya sé que
la cuerda se aflojó,

ya sé que
el semáforo
hizo explotar el trombón,

ya sé que
desde la cornisa
la bandera dispara,

ya sé que
la sombra del dictador
apagó la mañana,

ya sé que
en el psiquiátrico
desaparecen lo público
y lo privado,

ya sé que

las batas blancas

rematan

al esquizofrénico,


ya sé que

la luz murió

cuando la oscuridad

irrumpió en las venas,


ya sé que

la tortura

es la armadura

del criterio de verdad,


ya sé que

los recuerdos

fueron devorados

por sirenas,

ya sé que

Edipo

no me posee

porque nunca he querido

ser como mi padre

y además

porque mi madre

nunca quiso

ser poesía.

# DELIRIO 26:

> El poder del amor

Si tan solo
pudiéramos creer
que la palabra amor
lo remedia todo,

si tan solo pudiéramos
sentir esa palabreja
escurridiza y mentirosa...

# REMANSO XII

66

-El amor-

Palabra favorita

de asesinos

de los traidores

de los corruptos

mercenarios

fascistas

nazis

y de la sociedad

incapaz de amar.

# DELIRIO 27:

El poder del odio

La sinceridad y la verdad

es la condena

inconmutable

del que odia.

# REMANSO XIII

-El odio-

Hace que las personas

revolucionen el mundo

cauteriza

las heridas de la cruel historia

y crece en las cimas

de las montañas

y volcanes nevados

descendiendo

silenciosamente

sobre los hombres del futuro.

# REMANSO XIV

Ya no se escuchan

las voces de la tortura

ya no se puede ver

hacia la esperanza.


Este día

ha sido maldecido

por la luz que cae

sobre los ojos abiertos,


solos se quedan

los muros blancos

enmohecidos

solo quedamos

entre la muerte y el Valium.

# DELIRIO 28:

Solo éramos
aquella noche el delirio,

como cuando
los caballos azules
Bucéfalo y Ferénikos
llegaron
hasta la primera puerta del infierno
frente a la playa fría
enviados por sus amos,

los tiranos
sumergidos en el Flegetonte
y cantaron
la más ingrata de las noticias:
La ceguera,

la sangre ardiente
no ver nunca más
al cerrar los ojos
se clausurarán

y un tejido delgado

pero irrompible

borrará todo rastro

de las pupilas negros

que permitieron

el testimonio

de infinitos

momentos extraordinarios.

# DELIRIO 29:

Momentos

como el suplicio de las estrellas

y de la atemorizada luna

como cuando escuchamos

la súplica de la noche

y de la bribona mañana.


Momentos

como cuando

los caballos azules

tocaron el tambor

llamando a la guerra

al hijo del rey

que partió.


Momentos

Como cuando el oscuro cielo

se ensangrentó.

Momentos

como cuando las brujas

murieron en pleamar

entre el vaho atrincherado

y el filo

empuñado de la marisma.


Momentos

como cuando los caballos azules

tocaron el tambor

llamando al amo de la guerra

y el hijo del rey

se piró.


Momentos

como cuando

las espinas se encresparon

al presentir la sombra

de los carros negros funerarios,


carros que revotan

sobre las ruinas

de la nostalgia.

Momentos

como cuando las iglesias

no cesaban de llorar

cuando el rey murió

su corazón explotó

cuando un cactus

de plomo

por el culo se le coló.


Esa noche

celebramos su muerte

con una orgía

y espasmos de vino

y bailamos

con la aguja del destino

hasta que el sol

con sus rayos

nos enceguació

nos incendió.

La viuda real

llamó

con su tambor

a la guerra al príncipe

por el corazón destripado

del rey

para imponer el orden.

# REMANSO XV

78

-Vamos mi reina

suena el tambor

con todos tus brazos

llama al príncipe

a vengar el regicidio

pídele que baje

al valle cóncavo

con su espada santa,

allá donde lo espera

el poema asesino,

allá donde niños hambrientos

sólo saben decir "dolor",

allá donde lo espera

la tumba secreta -.

# DELIRIO 30:

       Poetas de cristal
en los sueños
cantémosle
el sentir
al oído,

en sus sueños reales
escupámosle alcohol,

que nuestras voces
torturadoras
ríanle hasta el grito,

que el sueño
le sea prohibido
y que las noches
se vuelvan frías.

# DELIRIO 31:

El poema asesino
le arrancará los nervios
hasta que su espíritu
explote de miedo
Y sus huesos desnudos
tiriten en el olvido.


Canta esta vez conmigo
pobre huérfano soberano
seremos el dueto
de tu propio llanto.


      No mires atrás
el poeta de cristal
aguarda el momento
y aunque
no haya visto tu rostro
conserva en sus manos
la máscara de
tu vergüenza:
tu estirpe asesina y desalmada.

Es inútil correr

ya rompió la oscuridad

con su tropel

y te alcanzará

antes que despiertes.


Contigo termina el oscuro pasado

y el poeta de cristal

con tu olvido abrirá

el viaducto de la fantasía,

de la avenida del porvenir.

# REMANSO XVI

En este valle cóncavo
donde la noche es ciega,

agazapado,

sigue esperando el poema
perseverando
en pronunciar "dolor"
y la tumba secreta
espera ser ocupada
mientras
en el estanque de cascabel
flota
el remanso eco
del disparo que acabó con el rey.

# DELIRIO 32:

Desde aquí

se concede

apreciar el decoro

de sus órganos

sobre el muro

de los altos vitrales

rotos

por donde se cuela la luz

y el reflejo

de los barrotes

de la soledad,

exactamente sobre la cabeza

que explotó

de desesperación

por la pastilla explosiva.

Desde aquí

las nubes

son un sueño,

las miradas una pesadilla

y el amor desconocido.


Los muertos aquí

no pueden dormir

prefieren cantar

cuando la calma

les es interrumpida

se ven a los ojos

con la incertidumbre

del "ser y el estar".


Los muertos aquí

se visten

de tierra podrida

mueren de

aburrimiento y miedo.

## DELIRIO 33:

¿Cuántas manos

no rompieron

sus uñas suicidas

en estos altos y gruesos muros?

¿Cuántos se quedaron dormidos

al atravesar

la cumbre blanca?

¿Cómo remataría

sus melodías el grillo

en un recital submarino?

¿Cómo el tiempo se puede balancear

en el trapecio de humo

sin red protectora?

¿Y si se encendiera la luz

que circunda el pámpano

al romperse

la vena de la tierra?

# REMANSO XVII

86

Corre, corre...

te alcanza
el poeta de cristal
ese ser de fantasía
que cada amanecer
salta desde el puente.

# DELIRIO 34:

No vuelvo

a matar a un rey.


Lo juro

por el corazón del mundo.


Lo juro

por los demonios

que me acompañan

desde niño.


Lo juro

por las palabras

que logran

atravesar las barras

en forma de suspiro.


Lo juro

por las flores

que fueron abandonadas

sobre el espejo.

Lo juro

por la nebulosa

que escaló los muros

del castillo de papel.


Esta es la última vez

que ajusticio a un rey.


Esta es la última vez

que apunto mi fusil

contra un corazón de sapo.


El demonio

no está contento

con la sangre que le ofrezco

la prefiere

de sabor humano,


él odia la sangre de rey

pues el pus y la mierda mezclados

le provocan cólicos.

No extirperaré

nunca más

un corazón de rey,


no vuelvo a ofender

con una ofrenda de bazofia

al hijo de las tinieblas.


Con sus bascas

de animal rabioso

enciende los ánimos

que nos hacen bailar

entre filosas piedras

de pedernal.


Libera su mascota

más mortífera

que entre ríos de lava

se asoma

con ojos inocentes,

dispuesta a reclamar

el asesino de su padre

Abaddon

mutilado por los humanos.


Alouqua,


la vampiresa parida

en el mismísimo infierno

está pronta al ataque

vengativo y rencoroso.


La humanidad perecerá.


De eso,

ella se encargará.


Es el momento

de cerrar las ventanas,

de dejar los recuerdos

de este mundo infame

en la vasija.

Las piedras del camino dormido

rompen el tacón

de la sirena obesa

como las voces

que rebotan

rebotan

rebotan.

## DELIRIO 35:

Finalmente,

desde el fondo del océano

se acerca

la canción liberadora,


finalmente,

el cielo y el infierno

me permiten

no pensar.

# REMANSO XVIII

93

-Al bosque
de caracolas
llevaré mis huesos
a reposar-.

Finalmente
la angustia llegó
a su fin,

finalmente
las nubes grises
no cubrirán más
mis pupilas,

finalmente.

## DELIRIO 36:

Ya no es

necesario esperar

a que el sol

atraviese los barrotes,


el viento vuelve al mar,

como la zapatilla suave

que abandonó a la princesa

y que juró no detener

el paso nunca.


Es el regalo

de los viejos sabios escondidos

entre el rebaño dividido de Hércules

a costa de los ojos de Caco.


El carro del sol

a partir de esta noche

será conducido

por el poeta de cristal.

La presencia antigua

de la cadena

y de la sangre

me han mutilado,


solo no quise estar cerca

de uno de esos seres

repugnantes,


de esos que se adornan de terciopelo

y que se cubren la sien

con coronas de oro,


de esos descendientes directos

de Deiurus

prontos a esparcir

su perfidia.

## DELIRIO 37:

Pero canta corazón
que este es día de fiesta
confiesa que no estás más
entre locos,

por favor,

dime que no estás más
entre locos,

que ya no visten
de terciopelo
que ya no vienen
con sus arcos
y arpones
de miel ilusorias,

      dime,
por favor,

que no estoy más
entre locos.

# DELIRIO 38:

A veces veo los colores
en guerra,

intentan dominarse entre sí
mas sólo consiguen
revolverse
fundirse
sin darse cuenta
y transformarse
en el blanco,

en blanco,

sólo puedo distinguir
el blanco.

# DELIRIO 39:

Nunca pensé

en tener un día

que decidir

entre lanzarme

de la montaña maldita

o suspenderme en el aire

pero

de cualquier manera

y siempre

dirigirme al vacío,

salto que preludia

la nación

del poeta de cristal.

**FIN**

# ÍNDICE


TAQUIPSIQUIA:
DAVID MAJANO Y LA ESPIRAL
Javier Payeras .................................................................7
**LIBRO I** ......................................................................13
DELIRIO 1: ...................................................................15
DELIRIO 2: ...................................................................17
*REMANSO I* ................................................................18
DELIRIO 3: ...................................................................20
DELIRIO 4: ...................................................................21
*REMANSO II* ..............................................................22
DELIRIO 5: *REMANSO III* ...........................................25
DELIRIO 6: ...................................................................27
DELIRIO 7: ...................................................................28
DELIRIO 8: ...................................................................31
DELIRIO 9: ...................................................................33
*REMANSO IV* .............................................................35
DELIRIO 10: .................................................................36
DELIRIO 11: .................................................................37
DELIRIO 12: .................................................................38
DELIRIO 13: .................................................................39
DELIRIO 14: .................................................................40
DELIRIO 15: .................................................................41
DELIRIO 16: *REMANSO V* ...........................................42
*REMANSO VI* .............................................................44
DELIRIO 17: .................................................................45
*REMANSO VII* ............................................................46
*REMANSO VIII* ...........................................................48
DELIRIO 18: .................................................................49

*REMANSO IX* ....................................................................................... 50

DELIRIO 19: ......................................................................................... 51

DELIRIO 20: ......................................................................................... 52

*REMANSO X* ........................................................................................ 54

DELIRIO 21: ......................................................................................... 55

*REMANSO XI* ....................................................................................... 57

DELIRIO 22: ......................................................................................... 58

DELIRIO 23: ......................................................................................... 60

DELIRIO 24: ......................................................................................... 61

DELIRIO 25: ......................................................................................... 62

DELIRIO 26: ......................................................................................... 65

*REMANSO XII* ...................................................................................... 66

DELIRIO 27: ......................................................................................... 68

*REMANSO XIII* ..................................................................................... 69

*REMANSO XIV* ..................................................................................... 70

DELIRIO 28: ......................................................................................... 72

DELIRIO 29: ......................................................................................... 74

*REMANSO XV* ...................................................................................... 78

DELIRIO 30: ......................................................................................... 79

DELIRIO 31: ......................................................................................... 80

*REMANSO XVI* ..................................................................................... 82

DELIRIO 32: ......................................................................................... 83

DELIRIO 33: ......................................................................................... 85

*REMANSO XVII* .................................................................................... 86

DELIRIO 34: ......................................................................................... 87

DELIRIO 35: ......................................................................................... 92

*REMANSO XVIII* ................................................................................... 93

DELIRIO 36: ......................................................................................... 95

DELIRIO 37: ......................................................................................... 97

DELIRIO 38: ......................................................................................... 98

DELIRIO 39: ......................................................................................... 99

# SOBRE EL AUTOR

**David Majano** nació en la Ciudad de Guatemala el 1 de marzo de 1977.

Ha publicado los libros de poesía "Nocturnidad", "Breves apuntes", "Plural/ Plurale", "Itinerante", la trilogía inédita "Retazos del manicomio": Libro 1, "Monologo de un esquizofrénico; Libro 2, Bitácora; Libro 3, "Carta de adiós".

Ha sido publicado en antologías poéticas tales como: "Memorial Gennaro Sparagna" en Roma, Italia, 2010; "Vivo sin vivir en mí" publicado por el Centro de estudios poéticos de Madríd, España, 2011; "Poesía joven latinoamericana" en Bogotá, Colombia, 2009. Ha sido publicado en diferentes revistas en America y Europa.

Ha sido invitado a participar en diferentes ferias del libro, festivales internacionales de poesía, encuentros de escritores y congresos de poesía en Europa y America.

Cofundador de los movimientos poéticos "Mesa de poesía" y "Tragaluz" y fundador del movimiento poético universitario "Plural", desde el año 2007.

Actualmente, reside en Roma, Italia y trabaja desarrollando proyectos poéticos y fotográficos personales.

Este poemario
fue confeccionado en el
**Territorio Panhispánico** de
**Casa Bukowski Internacional,**
en el mes de Enero del 2024

La edición estuvo a cargo
del poeta chileno
**Ivo Maldonado**

Casa Bukowski
editorial®

9 789994 245422